3分钟健身
21天塑造全新的你

[澳] 库萨·岗瓦德纳 著

周琴璐 鲁建东 译

复旦大学出版社

前 言

我曾为许多运动员治疗。他们经常在旅途中、入住在旅馆或奔赴在各种比赛的路上，随时处于拎包上路的状态。我还有很多经常出差的客户，他们是公司高管、老板或首席执行官。这两类人的共性是当他们想要锻炼时往往没有时间，甚至连找健身中心、游泳馆这些健身场所的时间都没有，更不用说有运动的时间了。

本书介绍的3:21健身法就是为他们创建的。3:21健身法，即每天高强度训练3分钟并坚持连续21天。应用3:21健身法，运动员可以有效防止高水平状态的下滑；而对于那些忙碌的旅行者，可以有效地保持体能。

每天高强度间歇性运动3分钟并坚持连续21天，不需要健身器械，不需要大段时间，更不需要健身房或游泳馆等运动场所，在自己居住的舒适房间里就可以完成。

3:21健身法已经帮助了我的数百个客户和运动员。希望这套健身法也能帮助你，让你更加强壮、更有活力，为你打开更有规律运动的大门。用每天不多的几分钟时间就能完成的这套运动，完全能让你在更多的时间里获得惬意和快乐。希望这21天的运动能促使你的身心渴望更多的21天，并转化为3个月的锻炼、活动和运动，甚至成为你多年以后都喜欢的运动方式。我希望能有幸听到你坚持克服各种困难终成正果的故事，你如何坚持并且因为它而改变你的生活的故事。我的邮箱地址：kusal@eliteakademy.com。愿3:21健身法能使你获得又一种运动能力。

愿你生命长久，充满活力，快乐满足！

库萨·肖瓦德纳

中文版前言

当我刚看到本书书名时，即刻的反应是对每天用3分钟这样短的时间运动，21天就会有效改变体型的方法表示怀疑，估计大部分人都会这样想。但是经过仔细阅读，知道作者的工作背景，并且身体力行地去试一试之后，我打消了疑虑。决定与我的同事——运动康复师鲁建东——一起向中国读者推荐这本书。

本书作者岗瓦德纳教授曾于2012年来过我所在的北京金融街运动康复机构讲学，并为患者治疗。他精通运动系统损伤/疾病的评估和治疗。他的治疗方法既不是吃药、打针，也不是大家比较熟悉的中医经络按摩或正骨，而是基于人体运动解剖基础的诊断与手法治疗：首先，准确找到致病的关键肌肉、韧带的起止点和激痛点给予手法治疗；而后，针对患者的肌肉、韧带问题给予个性化的运动处方，而且不是只开处方回家练，一定是在现场指导具体动作、方法、注意事项，以及次数、组数和训练时间长短！没有数年正规医学院的扎实理论基础、运动物理治疗师的严格培训和多年为患者成功治疗的实践，岗瓦德纳教授是不可能成为澳大利亚奥运会国家队保障医生的；没有数年为运动员和各界精英乃至大众服务，也不可能提炼出这套3:21有效训练方法。从现代时尚流行的各类高强度间歇性训练（high-intensity interval training，HIIT）方案来看，3:21健身法强调每天在最短时间内完成运动任务，对于一再强调没有时间、运动场地锻炼的人来说是完全没有理由拒绝的。

如何做到安全、有效呢？岗瓦德纳教授将在书中介绍一些简单、明确而有效的方法。正因为锻炼时间短而效果明显，所以对于实施者的要求较高。对于有慢性病或者长期无规律运动的人来说，采用这个运动方案风险很高，应该避免做。我建议中青年人有以上风险者可以先降低强度、延长时间使用HIIT，尝试一段时间适应后再进行3:21运动。运动者只要能自我监测运动心率和准确地做动作，3:21健身法是安全、有效的。读者可以参考本书最后岗瓦德纳教授提供的具体案例，不同职业、年龄、性别、运动习惯及采用3:21健身法要达到不同目标的人执行这个健身法后，能非常安全、有效地完成预定目标，爱上本方法并养成长期坚持运动的习惯。

  近年来，我常居住在美国新泽西州新普罗文登市。在那里的老年活动中心，也开始有教练员为70~80岁老年人设计这类运动，15分钟内有数个1分钟高强度练习和30秒间歇。我参加并观察这些老年人用3个月时间进行HIIT后，未发生运动创伤或其他意外。我72岁了，通过这样的训练也明显地感觉到体能的提高。

希望本书介绍的3:21健身法能让广大热爱运动的朋友们扩展思路，提高效率，增强体质，促进健康。

周琴璐

2016年7月

目 录

来自作者的理念　　3

1　运动的世界　　7

为什么要运动　　9
全世界健康危机　　11
5个妨碍人们坚持健身的问题　　15

2　HIIT——对传统健身的颠覆　　19

所有关于HIIT的内容　　21
　基础篇　　22
　高强度训练——特征　　25
　呼吸测试　　26
　有氧运动与无氧运动　　29
　HIIT——设计原理　　33
　HIIT——组成部分　　34
15个益处（TOP 15）　　37
5个已经解决的世界范围内的健身难题　　41
HIIT——常见问题解答　　45

3　神奇的3:21健身法　49

创始人——精英运动物理治疗师　51
资历　51
10个关键聚焦领域　54

3:21健身法——新时代健身法　57
3:21健身法的定义　57
为什么是3:21——挑战与目标　58
85%逻辑　64

3:21健身法——5个你最想问的问题　68

6个锻炼动作　71
1　空拳练习　71
2　俯卧撑　76
3　深蹲跳　83
4　原地高抬腿跑　88
5　星状跳　95
6　仰卧起坐　98

运动原理　103

你必须知道的事情　105
从3:21健身法中获得最大益处　105
应该记住的要点——注意事项　107

未来前景　109

结束语　110

3:21健身法的案例　113

中文索引　122

来自作者的理念

欢迎来到健身运动的世界！
"每天给我3分钟，
保证塑造一个全新的你！"

可以肯定地说，我们每天都在努力攀登以达到更高的目标，这使我们身心获得最大的拓展，以继续追求更高尚、更丰富多彩的生活。

自然的机制、完美的身体结构，每天都在繁忙的生活经历中反复受到考验。我们的身体有惊人精密的系统和器官，它可以不停地为我们产生一个接一个的动作和结果。在这个过程中，人体内部的系统经历一系列很大的损耗，很多时候甚至会对最重要的部位造成不可恢复的损害。

让我们思考一下，是什么使机体在不停活动中造成的损耗得以恢复？是食物、睡眠，还是运动？

让我们一起来探索吧！

人体是由许多系统构成的，包括最重要的心血管系统和神经系统，还有平时不太被注意的内分泌系统。所有这些系统协调工作，它们的功能不可分割。外行人通常不了解的是，除了最基本的食物和睡眠，还有另一个重要的因素在让我们的机体努力工作。这个神秘的因素其实就是强大的能量链，它能帮助恢复我们整个机体的功能，给"生命"带来活力。

为了满足我们生命的存在感并且达到所希望的高度，很重要的办法就是要保持能量链的高峰值水平，竭尽所能地给能量链提供能源补给。

你可以享用本书提供的常规锻炼。如果你想尝试作者提供的更高挑战，可以搜索以下网址：

The 3 Minute Workout Challenge
www.eliteakademy.com/3-minute-challenge

它将帮助你达到更高的水平。

本书重点和核心是3:21健身法能够帮助你达到快速健身、重塑体型的目的！它能够切实地给你能量链的来源，提供简单但有效的"补给胶囊"。

1

运动的世界

为什么要运动

照看好你的身体，须知生命唯寓身体之中。

——吉姆·罗恩

人体确实有一套神奇的机制，就像一台精密的自动化机器，拥有无数个组成元素、连接程序和直接工作的组件，它们协调工作来维持我们的呼吸、工作和生活。

实际上最简单的结果在这里!

在运动之前，我们可以思考一下这个问题。当发现你最心爱的汽车或自行车坏了的时候，你会做什么呢？你当然会把它们送到最信赖的修理店去修理有问题的部件。如果你的车有太多坏的部件，你最终会丢弃它，去商店再买一辆华丽的新车。这是你最基本的解决方案。可是麻烦的是，当你的身体出现类似的问题时，是不能这样处理的！当然，现代科学技术的发展给身体健康带来了神奇的益处，膝关节、肾脏甚至心脏，几乎所有器官都可以移植。

然而，大自然母亲始终保留着结束生命的权利。当所有的医学治疗都无效，当你的机体已经失去原始的平衡，这个时刻就会到来。世界上并不是所有的事物都可以被替换，当你的身体状况不断恶化，哪怕有最好的医疗资源和最好的照料，要扭转命运还是很困难的。

记住，如果你不遵从以下关于获得健康益处的格言，别期望有任何一种医疗资源能够帮助到你！

- √ **有规律地锻炼**
- √ **合理的膳食**
- √ **健康的生活方式**

当然，有时出现挫败感是完全可能的。即便你完全按照以上正确的方法去做，有时候你的机体也可能失去自然平衡，导致疾病、衰弱或是疾病前期（亚健康）的出现！

现在就是你开始管理身心健康的时刻吗？

全世界健康危机

当代人们的生活方式已发生巨大的改变,可获取食物的品质也是如此。人们习惯于用很少的时间准备饮食。与此同时,我们静坐少动的习惯已经根深蒂固。比如乘电梯而不再爬楼梯,很少步行,很难放弃以舒适豪华的汽车代步。

这一切都不奇怪,对吧?人类推动了现代技术的发展和社会的变革,而付出的代价却是自身严重的健康问题!

既然如此,必须来一场运动的革命。要保持我们的身体素质或体能水平,就要尽可能地按照我们的设想来构建一个计划!

研究显示,全世界至少有1.32亿人在健康俱乐部、健身中心和健身房运动。

在美国,去健身中心的人数每年以8.1%的速度增长。

尽管年龄、性别、职业不同,这个社会里的每一个人,都愿意为了自体健康去认真执行一项健身计划。

下面让我们看看今天被大多数人接受的主要运动方式及运动规则。每种运动方式都有其独有的优点和缺点!

无氧运动

- ✓ 强度：中至高度

- ✓ 关键益处：增强爆发力
  增加肌肉力量
  提高最大摄氧量

- ✓ 主要形式：力量训练（徒手或器械）

有氧运动

- ✓ 强度：中度

- ✓ 关键益处：促进心血管健康

- ✓ 主要形式：走路、骑自行车、跑步、徒步旅行、慢跑

最低运动量（达标）

什么是获得运动益处的最低运动量？

对于我们正常人来说，每周至少需要2.5小时（150分钟）中等强度的体力活动（例如，走路）；或者是另一组运动，1.5小时（90分钟）的全身运动（例如，游泳、慢跑），以及每周至少2次的肌肉力量训练。这就是当今最广大人群能获得益处的最低运动量。你将在接下来的章节里了解其理由和解释。

柔韧性运动

✓ 强度：中度

✓ 关键益处：增加关节、肌肉、韧带的最大活动范围

✓ 主要方式：拉伸、瑜伽

本书将在后面的章节介绍更多增加身体柔韧性的运动方式

5个妨碍人们坚持健身的问题

通过不舒服获得舒服——这就是运动

尽管需要运动的理由如此充分，尽管身体状况已经出现医学指标的异常，大多数人还是缺乏规律运动的动力和热情，经常借口经济问题或其他理由，或者即使拥有最好的健身资源和充足时间，也不健身运动，哪怕知道这样做会对自己造成伤害。

在我们准备未来健身计划之前，看看大多数人不能坚持规律运动的阻力在何处。

1 缺乏动力

非常遗憾的是，尽管大多数人知道缺乏运动会导致各种后果，但仍然不愿运动。很少有人会对这样的事实感到惊奇：缺乏运动是第4位导致全球平均死亡率增加的原因，全世界每年约320万人因此丧命。拒抗运动非常重要的原因是要放弃我们所谓的"舒适区间"，迫使我们去用力！不幸的是，我们越是享受"舒适"区间，就越难行动起来开始运动。

2 缺乏时间

人们总想取得更大的成就，没有多余的时间锻炼。大多数人认识到需要运动来保持身体健康是在伤害已经发生之后。大部分传统的运动通常需要大量的时间，这对于大多数人来说确实是一个理由。但是可以选择用时不多的高强度间歇性运动（HIIT）来解决时间不够用的问题，这已经成为国际上通行的一个规则。在下面的章节里会有更多的介绍。

3 缺乏知识和资源

事实上每天用15分钟时间,采取正确的运动方式就能达到健身的目的。但通常是,人们并不知道哪一类运动需要做,而哪一类花数分钟或数个小时的运动是白费力气和汗水。最重要的是在正确的指南或指导下运动才能获得最佳效果。

4 不平衡效应

经常出现的情况是,在错误的运动训练计划里,各种不正确的技术也被设计其中,最终得到与期望相反的结果!当我们处在此种情况下时,结果当然事与愿违。因为采用有问题的运动方式,通常你的情绪也不会太好。

5 缺乏资金

成为健身俱乐部会员常常需要支付高额费用,聘请私人教练也十分昂贵。这也是很多人不愿意为健身训练支出的原因。大多数家庭面对金融危机财政紧缩时,也会选择减少健身训练的费用。

2

HIIT——对传统健身的颠覆

所有关于HIIT的内容

"可是时间在哪里?"

针对前面所提到的问题,我们可以用一种新的短时间高强度的运动方案来解决。这种设计缘于在现代生活中舒缓地健身面临的时间短缺问题。这种运动方式几乎可以改变我们知道多年的运动方式。

完成传统的健身项目每次至少需要45分钟,每周至少5天。这是当今广泛适用的有效的理想健身计划。但显而易见的是,只有少数人能完成这种费时且单调乏味的健身计划。全世界的健身科学研究者和实践运动专家都在想方设法找到既有效又简单的标准运动方式。

国际上已经开始采用高强度间歇性训练(HIIT)方案,即新的能量填充。高强度间歇性训练的运动设计具有短时间完成健身训练的功能。用这套方法锻炼只需通常所用时间的1/3,就可以达到同样的甚至更好的运动效果。现代快节奏生活中HIIT在节约时间方面具有非凡意义。在以下章节里读者可以了解关于HIIT的理论基础、概念、益处、组成及如何使用以获得更大的益处。

基础篇

HIIT是由经典的有氧、无氧和其他运动方式演变而来，其关键在于把人们关注的重点从持续时间转换为运动强度和方法。专家定义HIIT为有新意的心肺功能训练计划，它由两部分组成，包括：

√ 短时间、高强度的运动模块

√ 短时间转换的中等强度运动或者休息

提请注意

尽管HIIT有很多益处，但是专家指出它并非适合每个人。确定你有合适的体能水平、良好的健康状况，才可以开始这项运动。如果你有心脏疾病或是肌肉、骨骼、关节最近受过伤，那么HIIT就不适合你了。

HIIT是一种用较短时间对心肺功能进行训练的专业设计，包含短时间、高强度运动，并交替进行短时间、低强度运动或休息。

高强度训练——特征

运动训练的强度定义是HIIT的基础。

首先，我们要更多地了解一下高强度的定义。按照美国运动委员会（American Council of Exercise，ACE）的规定，从两方面来确定运动强度：

✓ 努力的程度

✓ 最高心率水平（maximum heart rate, MHR）

以下分别解释其细节。

努力的程度

为了更好地帮助理解，我们把进行体力活动时努力的程度分为10级，最低的努力程度为1级，高强度训练的努力程度在7级以上。

最高心率水平

同样需理解最高心率水平的概念。心率就是单位时间里心跳的次数，单位时间心跳次数用次/分（beats per minute）表示。其变化与身体生理需要有关，主要包括吸入氧气和呼出二氧化碳的需要。运动是最重要的影响心率的生理因素。

最高心率是人体没有严重身体健康问题时，心率所能达到的最高水平。

这样你就能理解，高强度运动时，心率可达最高心率的80%。这对于你理解强度这个概念有了比较具体的参考值。

呼吸测试

这是简单测量你的运动强度的一个方法。在运动中尝试说一个简单的句子，如果你能不太费力地完整说出句子时，运动强度在中等以下；相反，如果比较困难，觉得呼吸很急促，说明你正在做的这项运动对你而言属于高强度运动。

HIIT——高强度间歇性训练所属级别

努力程度得分

1　2　3　4　5　6　7 ｜ 8　9　10

最高心率　　　　　　50%　　　　80% ｜ HIIT

有氧运动与无氧运动

在我们完全搞清楚HIIT的基本原理之前，先了解一些有关有氧和无氧运动的概念。

有氧运动——提高耐力的训练方案

有氧运动按字面的理解，与氧的代谢有关。典型的有氧运动过程是通过加快血液循环增加氧气的运输，并且促进呼吸率。当我们进行有氧运动时，机体从空气里摄取更多的氧气，通过肺运送到血液里，再经循环系统运送到肌肉。简单地说，有氧运动如同心血管运动，因为肌肉运动时需要燃烧更多的碳水化合物和脂肪以提供能量。典型的有氧运动的目的在于提高你的耐力水平！

一个人的有氧运动水平取决于他从空气里获取氧气，并且利用肌肉细胞产生能量的能力。一项经典的有氧能力测试就是最大有氧功率或最大摄氧量（VO_2Max）。以下一些因素可以影响到这个指标。

- ✓ 肺功能
- ✓ 心功能
- ✓ 性别
- ✓ 年龄
- ✓ 训练计划和状态
- ✓ 基因构成

最常见的有氧运动方式包括：

- ✓ 跑步
- ✓ 慢跑
- ✓ 游泳
- ✓ 骑自行车

如上所述，HIIT是你所能承受的有氧运动强度上限区域的运动。

无氧运动——增加力量的训练方案

无氧运动从字面上理解即"没有空气"。

典型的无氧运动是不需要氧气供给能量的肌肉运动，只是燃烧碳水化合物产生能量。换句话说，无氧运动是短时间高强度的运动，此时供给的氧气比机体需要的少，所以产生氧债。典型的无氧运动的目标是构建肌肉质量和增强肌肉力量。

最常见的无氧运动方式包括：

- √ 举重
- √ 俯卧撑
- √ 仰卧坐起
- √ 短距离冲刺
- √ 跳跃

科学测量无氧情况的方法是测试无氧阈值（anaerobic threshold, AT）。这就是说，此时运动强度产生的乳酸开始在血液中储积。一般强度运动，在无氧阈值之下，乳酸在血液中开始储积前，肌肉可以有效地进行调节。

如何把有氧运动与无氧运动两者有效地结合起来，这就是以结果为导向的HIIT设计原理！

在以下的章节里我们将解释HIIT设计的基本原理及细节。

HIIT——设计原理

为理解HIIT是如何发挥作用的，让我们先来了解一下最重要的运动环节的设计思想。

心率

当运动时，我们通常选择心率在有氧运动这个区域内的强度。在外行人看来，这意味着在锻炼时，我们的身体被限定在机体允许的运动之中。然而，采用HIIT，是让我们的机体在有氧运动强度的上限范围工作。这是HIIT设计原理的第一个关键词。HIIT不仅需要达到更快的运动心率，还需我们付出最大的努力，突破对机体设定的传统限制。

使用肌肉的类型

HIIT设计原理的第二个关键词是，被使用的肌肉纤维类型。由于采用的形式与传统稳态运动方式不同，HIIT将会使用大肌肉群和粗壮的肌纤维工作。

氧气消耗与能量燃烧

第三个也是最重要的关键词是氧化消耗与能量燃烧。HIIT之所以能有效，是因为机体消耗氧的方式与传统稳态运动方式不同。由于我们的运动强度设定在有氧运动区域，所以我们只需要一定量的氧气供给；而HIIT由于对氧的需求高于机体供给，所以产生了氧债。

因此，在停止HIIT后的休息期，机体会继续燃烧能量数小时，而传统稳态运动的此类作用则只有短短数分钟。

HIIT——组成部分

典型的HIIT包含几乎相同组数的高强度和低强度运动模块。最理想的是，一个HIIT计划将有30秒至3分钟的高强度间歇性心血管运动，交替进行的是相应的低强度运动或者休息。

HIIT计划的典型组成包含：

√ 跑步机

√ 椭圆机跑

√ 爬楼梯

√ 功率自行车

√ 冲刺跑

有趣的是，HIIT专家指出，你可以从日常生活的各种活动中选择任何一种来组成你的HIIT训练方案。比如，如果你积极增加常规运动形式，即便是和你的狗狗一起玩球也可以成为HIIT的运动形式之一。

能量的流动

现在我们已经知道HIIT是如何把有氧和无氧运动有效地结合起来的，两种能量的走向可以帮助我们进一步了解为什么HIIT会更胜一筹。

在我们进行有氧运动时，机体需要的氧气从大气中吸入后通过肺泡进入血液循环，并进入能量系统；与此同时，机体也在学会建立和储存来自无氧代谢系统的可被利用的能量。

15个益处（TOP 15）

国际上风暴般地流行HIIT，主要是因为它有着惊人的益处。这种高强度运动和低强度运动交替的锻炼方式既提高了机体代谢功能，又增加了脂肪的消耗。

最新的研究显示，HIIT是塑型和减脂的最好方式之一。一篇在《肥胖杂志》（*Journal of Obesity*）上发表的相关研究指出，通过12周的HIIT，可显著降低躯干、腹部和内脏的脂肪，此外还可增加机体无脂肪组织和提高机体的摄氧能力。

> **一定要记住！**
>
> 千万不要认为HIIT很容易做到，它只是用时少，见效快而已！它可不是轻而易举就能完成的……

以下我们讨论并列出一些HIIT最重要的益处。

1 用时短是最大的益处。一堂30分钟的HIIT运动课程相当于90分钟低强度运动课程所达到的效果。同样，每周3次每次15分钟的HIIT运动比每天在跑步机上慢跑1个小时的运动效果还好。所以节约时间是它的最大益处。

2 可以用最少的器械和最小的空间完成。

3 HIIT包含无氧运动部分，它能有效地训练机体产生并使用无氧代谢的能量。

4 HIIT运动的氧消耗量远高于传统稳态运动方式。每次HIIT训练课可以提高代谢率从90分钟持续到144分钟。实际上更高的代谢率帮助你更快地燃烧脂肪和消耗能量。

5 较短的中等强度运动或者休息间歇有利于排出运动中肌肉产生的代谢物。

6 最近的研究显示，HIIT可以在最初的24小时内，迅速提高人生长激素（human growth hormone, HGH）水平至450%。生长激素的增加能够带来两方面的好处，即减缓老化进程和增加能量的燃烧率。

7 HIIT有很多潜在的健康益处，尤其是对于平时体力活动不多的人。通过短暂而剧烈的运动，能够获得重要的人体基因（DNA）的改变，显示出运动的影响力。

8 HIIT可以增加运动中和运动结束后能量燃烧的总量，并在运动结束后继续燃烧能量。

9 HIIT增加了每次训练课后身体恢复的时间跨度，因此你的机体要燃烧更多的能量，甚至在运动结束后。

10 HIIT可能有助于增加肌肉对胰岛素的敏感性。

11 HIIT能明显增加机体的耐力水平。在一项随机研究中，对一组自行车运动员进行为期8周的HIIT训练，结果显示达到了他们只是骑自行车训练的双倍效果。

12 HIIT的交替运动方式能让你在运动中吸入最大容量的空气。

13 HIIT可以让血流快速通过动脉，减轻主动脉硬化。

14 HIIT能减少患心脏病、高血压和糖尿病的机会。

15 大多数HIIT的运动模块是具有天生功能性的，这就意味着进行这些规律的基础运动能够让你更加轻松地应对日常生活。例如，进行深蹲跳练习可以让蹲起更加容易和舒服，甚至能增进泌尿系统的功能。

5个已经解决的世界范围内的健身难题

现在，我们已经了解HIIT的运动理论基础及各种益处，让我们看看它是如何解决5个最主要的全世界面临的健身难题。在这一节中，我们讨论这5个难题，激励人们进行HIIT运动及告之如何从中受益。

1 利用零碎时间

研究反复证实，利用零碎的时间进行HIIT，能达到与慢速稳态运动方式所达到的相同效果，并且只需其一半不到的时间。短时间高强度间歇性训练在很多方面较传统的慢速、稳态运动更胜一筹，如减轻体重、强健肌肉和减少脂肪等。

2 保持积极性

当今世界处于快节奏和不断创新的状态。尽管耐心是一种非常好的品质，但是每天面对长时间相同的运动方式，还是会很容易失去耐心和兴趣。HIIT拥有几乎不受限制的多样运动方式，让你随时从每日常规生活中转换到训练状态。例如，散步时带着你的狗狗快走，或在假日里进行短时间的冲刺练习等。

此外，相对于进行传统稳态的运动，如果不得不去寻找正规的设备和场所时，我们很容易产生受挫感。由于HIIT没有这样的先决条件，所以当你进行运动锻炼时，就不会有什么事情来挫灭你的积极性了。

3 燃烧更多的能量

　　本书前面已经解释，通过HIIT运动身体如何燃烧更多的能量，主要是因为在完成HIIT后的数小时里，机体对氧的高需求还会持续。这是改变代谢率的十分有益的方式，同时也能很好地控制机体的能量。其结果就是在更少的时间里燃烧更多的能量，而且即使运动结束，效应也会持续数小时。

4 不会引起肌肉丢失

　　对于如今许多选择静坐少动生活方式的人来说，促进肌肉健康是非常重要的。首先，HIIT会调动传统运动中被"闲置"的肌肉纤维。另外，典型的HIIT在减轻体重时不会引起肌肉过度丢失，可以预防减重并发症，如皮肤松弛下垂等。

5 提供正确的运动方式

　　即使采用一种方法正确、时间充裕和资源全面的运动，也可能不会获得预期的效果。这种运动就是以无任何计划开始，以充满沮丧和挫败感而告终。HIIT会给你指明正确的方向，告诉你如何去运动，需要多长时间和所有重要的信息，以及哪种锻炼最适合你的机体状况。

HIIT 与传统稳定运动的比较

传统稳态运动	HIIT
消耗时间和单调	比常规时间减少50%，产生同样的效果
方式单一，需要被激励	提供很多变化，保持激励状态
仅仅燃烧体内脂肪	燃烧体内脂肪的同时也燃烧体内储存的碳水化合物
只在运动中燃烧能量	运动结束后继续燃烧能量
运动时燃烧有限的能量	运动时燃烧更多的能量
在体重/脂肪减少时，可能引起肌肉丢失	避免体重减轻时的肌肉丢失
通常需要一些器械	器械不是必需的
需要较大的运动空间	只要有时间，可以在任何地方进行

5个已经解决的世界范围内的健身难题

HIIT——常见问题解答

由于这项运动确实有许多神奇的优点，HIIT的很多内容一定会被质疑。在本节，我们回答与HIIT相关的最常被问到的一些问题。

HIIT的基本价值在于它适合的人群范围很广。

1 谁可以做？

HIIT的基本价值在于它适合的人群范围很广。只有很少几个因素会限制有进行HIIT打算的人不能进行这类运动。最主要的因素是个体的体能水平，要求至少达到中等强度的体能水平，而且平日经常进行锻炼，能够完成一定量的基础训练。还有一个重要的因素是，要求运动者的肌肉和韧带有一定的柔韧性，才能进行HIIT。初学者直接进行HIIT有可能会受伤或出现一些问题。

2 多长时间可以看见效果?

一般取决于你现有的体能水平,如果你已经具有足够的水平,通过HIIT你很快就会获得成效。不过,如果你的机体状况不是很适合这种运动,则需要一段时间才能看到效果。你的身体首先要去适应这种运动方式,肌肉得到重塑,然后效果才能显现。

3 如何实现这种可能性?

机体在运动过程中能量持续燃烧,体重开始有效下降。在一组HIIT方案中,第三阶段的主要改变就是能量的燃烧率会增加,而且,你的机体在运动结束后继续加速燃烧能量,所有这些对你的身体会产生综合效应,让你的体重下降,体型改变,正如HIIT方案计划的那样。

3

神奇的3:21健身法

创始人——精英运动物理治疗师

神奇的3:21健身法是基于物理治疗师库萨·岗瓦德纳,一位权威、专业的运动物理治疗师,15余年的高质量工作经验的总结。让我们更深入地了解这个3:21健身法的运动原理和目标,同时也可更多地了解一下这位传奇的创始人!

资历

库萨·岗瓦德纳是澳大利亚运动物理治疗师,从2008年起担任墨尔本大学运动医学中心主任。库萨·岗瓦德纳在墨尔本大学取得了运动性能增强博士学位,并具有15余年丰富的高强度运动医学专业的工作经验。

他为墨尔本大学精英运动员训练中心的24名顶级运动员进行专业服务。这些运动员中的大多数会与其他的全国冠军一起,继续参加夏季奥运会和冬季奥运会。事实上,他基本上为在不同赛事中代表墨尔本大学的所有优秀运动员都服务过。

岗瓦德纳的非凡职业成就来自于他的优秀教育背景。出于对运动医学的兴趣，他在墨尔本大学获得了物理治疗学的本科学位，接着在拉特罗布大学获得了运动物理治疗学的硕士学位。他在2010年著作出版的《21天摆脱你的背痛》一书，得到了全世界的广泛认可！

最主要的成就是，岗瓦德纳也是澳大利亚墨尔本Vigor运动医学连锁诊所的创始人。这家诊所是这个地区最大且最有影响力的机构，也是很多类似机构学习的榜样；它也是澳大利亚唯一一个培训海外物理治疗师的整骨技术培训学校。岗瓦德纳除了为运动员长期服务，还帮助并培养了1 000多个运动物理治疗师。

这里列出一些他曾经训练和治疗过的著名运动员的姓名及其运动项目。

- ✓ **卡特亚·克雷马**
  冬奥会滑雪世界冠军

- ✓ **克利蒂安·威廉斯**
  澳大利亚国家队射箭运动员

- ✓ **吉夫·守**
  羽毛球协会半决赛选手

- ✓ **鲁克·崇**
  大洋洲羽毛球冠军

- ✓ **菲比·斯丹利**
  澳大利亚奥林匹克划船选手

- ✓ **福热迪·欧文**
  澳大利亚自行车赛车手/三项全能选手

- ✓ **拉克兰·罗斯**
  澳大利亚职业自行车赛车手和摩托车赛冠军

- ✓ **汤姆·斯沃勒**
  澳大利亚U-23排球冠军

- ✓ **麦克·摩特兰**
  维多利亚州英式橄榄球选手

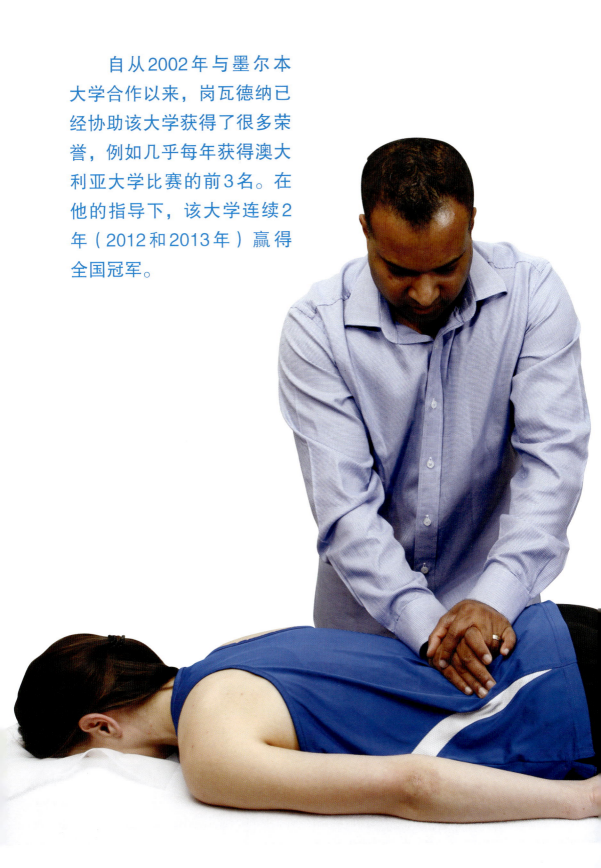

自从2002年与墨尔本大学合作以来,岗瓦德纳已经协助该大学获得了很多荣誉,例如几乎每年获得澳大利亚大学比赛的前3名。在他的指导下,该大学连续2年(2012和2013年)赢得全国冠军。

成果展示

在继续看库萨·岗瓦德纳的运动物理治疗方面的工作成果之前，让我们迅速浏览一下他指导的成果。

✓ 每年超过400名澳大利亚大学联赛运动员由他指导。

✓ 自从他2008年开始负责运动医学工作以来，墨尔本大学的运动员总能够拿到比赛前5名的好成绩。

✓ 这所大学也获得了2012年和2013年的全国冠军。

10个关键聚焦领域

在库萨·岗瓦德纳从事物理治疗和运动医学事业的10余年里，他以独特的视角和技术进行了5万次的治疗；走遍全世界去传播他高效、成功的工作经验。他总是力求最大限度发挥运动员的潜能；经常组织网络研讨会，尽可能把这些技术传授给更多的人。

基于每年为400多名运动员进行训练指导，他最关注的是如何设计特别的技术，以帮助专业运动员提高成绩。

除了为运动员长期服务外，岗瓦德纳还帮助和培养了1 000多位运动物理治疗师。

这是岗瓦德纳关注并获得成就的10个领域。

1 力求在21天里帮助至少30%、最多80%运动员达到运动水平的最高点。

2 指导运动员进行高强度的可预期的运动训练,并且用时最少。

3 帮助受伤的运动员在尽量短的时间内康复。

4 发现运动员的核心力量并训练他们在自己的比赛项目中获得最大爆发力。

5 定期演讲和组织专题讨论,让更多的运动员和相关领域人员能够从他的经验中获益。

6 指导运动员在做物理治疗之前对身体进行适当的自我分析。

7 指导运动专项技术的协调。一项具有3 000年历史的技术,目的在于促进运动员的整体运动表现。

8 指导专业运动员处理竞争与抗压力之间的艺术。

9 指导专业运动员在训练和准备活动中制订全面的训练计划。

10 3∶21健身法——新时代健身法。

3:21健身法——
新时代健身法

在前面的章节，我们阅读了关于HIIT如何被确认为新时代的健身解决方案。

HIIT因具有形式多样、更快上手，具有可见的不可思议的效果，已经融入我们的自我管理计划当中。

在本节，将告诉你最成功的和以目标为导向的HIIT计划之一，即3:21健身法。此健身法如此简洁紧凑，它可以很轻松地穿插到你繁忙日程的空闲时间中。正如之前所说的，为了带给你明显的效果，3:21健身法能够消除新时代运动的弊端，给你带来执行优质HIIT运动计划的自豪感。

接下来，会给你一个关于3:21运动计划的详细说明，告诉你它真正意味着什么、怎么样去实施、它的利弊，以及你可能想知道的关于它的一切。

3:21健身法的定义

利用可能的最短持续时间，将具体的、定制化的训练模块安排在运动者繁忙生活的空闲间隙中，HIIT会成为最好的锻炼方式。

3:21健身法是当今高效HIIT的最好模板之一。

为什么是3:21——挑战与目标

3:21健身法是创新的、以目标为导向的HIIT训练模板，被设计成为一些最关键和最重要的健身方法整合方案。

3:21健身法的名字来源于运动的持续时间和训练周期。3:21健身法基本包含6个高强度的锻炼动作，每个持续30秒，每天运动3分钟，总共坚持锻炼21天。

此健身法是特别为那些既十分忙碌，又想要维持自身最好状态的人士设计的。

让我们继续深入理解关于训练结构安排和时间投入的细节内容。

通过在大学取得辉煌成果的几年时间里及与世界各地的精英运动员合作，岗瓦德纳能够确定当今几乎所有运动者都要面对的几个核心挑战。

面对提出的问题和挑战，他开创性地设计了3:21运动方案，以满足下列关键性目标。在这里，我们列出了现代运动者所面对的最主要的问题，同时也列出了3:21新方案是如何解决这些问题的。

1 时间危机

挑战

如今，大多数运动者都会在工作、学习中有很多任务。无论是兼职、全职工作还是学习进修获得学位证书，他们都会发现自己疲于寻找时间做枯燥的训练，以保持身体的体能水平。而且，他们经常会有繁忙的旅行日程，不允许他们用很长时间去做替代性训练。而且，专业运动员有赛事的任务限制，这让他们几乎没有机会进行长时间的训练。

3:21健身法的优势

最基本优势，此训练每天只需3分钟去完成。由6个模块组成，每个模块只需30秒。这个方案在最有限的时间里提供了最大的效益。

2 容易迷失

挑战

面对如此纷繁的需完成的任务，如今的运动者很容易失去对健身的关注。现在的运动员不仅要保持身体体能水平，还要完成其他任务，比如参加社交活动、四处旅行，甚至是进修学习提高学历。

3:21健身法的优势

3:21健身法的锻炼是高度聚焦和目标导向的。它把目标定位在所需体能水平的每个基本层面，最终要求是专注于完成一个3分钟的身体锻炼，运动者不用担心失去对健身的关注。

3 不平衡效益

挑战

大多数常规训练都充满了对全身不平衡刺激的风险。这样的现象经常发生,整个运动锻炼的效益要么在腿部、腹部,要么在胸部。在缺乏正确的指导和监督的情况下,很难做到让一种锻炼能够对全身各个部分都起到平衡的刺激作用。

3:21健身法的优势

3:21健身法的最大作用是能够在同一时间内将多组肌肉群列为锻炼目标。6个锻炼动作中的每个动作都被设计成锻炼不同的肌肉群,因此能够提供全部的效益以抵消常规训练造成的片面效益。举个例子,俯卧撑和深蹲跳能够等量训练腿和手臂的肌肉;除此之外,还能强健腹部肌肉群。

4 大范围损伤

挑战

因为反复的受伤,很多专业运动员很可能失去许多好的机会,尤其是在他们的训练中。因为存在很高的损伤风险,所以健身训练目标很容易实现不了。因为需要花一些时间才能恢复健康,所以运动员们常常被迫放弃一些重要的比赛。

3:21健身法的优势

3:21健身法能够很好地帮助你指引锻炼,并将损伤控制在最小范围。通过专业的锻炼设计,此运动计划不会发生过度使用韧带或肌肉的情况,从而能够避免重大损伤。

5 丧失兴趣

挑战

一成不变的训练方式经常会使运动者感到枯燥乏味。运动者对长期单调的训练丧失兴趣是十分常见的。如果进行长周期的、艰苦且效果不显著的训练,相当多的人会选择中途放弃。

3:21健身法的优势

3:21健身法通过提供动态的一系列锻炼动作来解决这个问题。训练方案的模块是多种多样的,从而防止健身方案导致运动单调乏味的情况。

6 对设备、设施、空间的需求

挑战

一个人需要在家里或者健身房进行特定周期的训练,同时需要使用特定的设备进行系列训练。此外,锻炼计划的实施也需要空间和环境氛围。这些都会成为限制锻炼的因素,尤其是对那些没有固定计划或者经常旅行的人。

3:21健身法的优势

3:21健身法可以在任何地方,一天当中任何时间进行,不需要任何设备。同时不需要特定的空间,也不受健身会员制的限制。事实上,3:21健身法也不受任何经济上的限制,因为它几乎是无成本的。

85%逻辑

在我们继续了解3:21健身法的重要基本原理之前,让我们先了解一下传统的、一成不变的运动训练的实际形式。

传统运动训练的形式有3个显著的特征,用来定义我们所做运动的种类和形式。它们是:

- ✓ 使用设备

- ✓ 减脂和肌肉丢失

- ✓ 特定的有氧阈运动

然而,3:21健身法重新定义了每一个特征,并赋予健身全新的含义。

此健身法的每个模块不需要任何设备支持。运动者通常需要利用自身的体重来进行运动训练,推动自己超越通常的有氧阈。

3:21健身法的基本原则在于尽可能多地激发自己发挥最大能力的85%水平。这个水平是这样被专家定义的:我们努力达到最大能力的85%水平,但不能导致任何大的损伤或韧带拉伤。此外,你只需要在很短的时间内让自己发挥出85%的水平,比如每3分钟的时间里。

创始人的愿景

依据3:21健身法的创始人库萨·岗瓦德纳的观点,按照这个原理可以在很多方面提供帮助,包括以下几个方面:

- ✓ **运动者只利用他们自身体重训练,并使自己达到最大能力的85%水平,这样就不再需要任何额外的设备或者投资。**

- ✓ **因为此运动时间只需要3分钟,并且可以掌控强度,所以它的损伤风险是最小的。**

持续时间和运动结构

3:21健身法是一个结构化、由6个部分组成的健身方案，通常每天运动3分钟。

这样的结构化运动方案可以在最短的时间里，最大限度地发挥运动者的训练能力，并将损伤降到最低。

3:21健身法是一个3分钟的组合训练课程，包含6个模块，每个模块持续30秒。它需要按照既定模式，持续训练21天。

每个模块都被设计解决不同的健身需求。正如创始人库萨·岗瓦德纳的话：

> "当有很多高强度的运动方式时，我选择能够精准训练身体不同特定部位的练习和任何人都可以做到的练习！"

他指出，训练的主要意义在于增强上肢和下肢的力量，帮助维持身体的体能水平，为以后的体育运动和一些其他方式的高强度运动做准备。

在我们理解精确的结构之前，首先让我们更多地了解这些训练方案主要关注什么。

3:21健身法有3个主要的健身区域作为主要目标点，分别是：

✓ **上半身体能**

✓ **下半身体能**

✓ **核心控制能力**

上述的每个目标都是分别通过独立的训练组合来实现的。教练根据每个运动者的身体条件做出判断，制订后期特定的训练组合。根据前面的描述，最后由运动者决定连续的3分钟训练的组合。

以下，我们列出了全部包含上述3个健身目标可实施的运动计划。

- √ 空拳练习

- √ 俯卧撑

- √ 深蹲跳

- √ 原地高抬腿跳（跑）

- √ 星状跳

- √ 仰卧起坐

3:21健身法是一个3分钟的组合训练，包含6个模块，每个模块持续30秒。它需要按照既定模式，持续训练21天。

3个核心的健身目标
上半身体能
空拳练习
俯卧撑
下半身体能
深蹲跳
原地高抬腿跳（跑）
核心控制能力
星状跳
仰卧起坐

3:21健身法——5个你最想问的问题

3:21健身法听起来像一个神话。当一个充满能量、以目标为导向的运动组合向我们展示了如此多的好处时，很自然地也会引起很多质疑。在这一节里，我们会列举并解答5个被经常问起的重要问题，以消除你对3:21健身法的所有疑虑。

1 为什么是21天

在这背后确实有一个非常有意思的故事。20世纪50年代，外科整形医生麦克斯威尔·莫尔茨发现了一个奇怪的模式。莫尔茨注意到他的大部分患者都会花约21天来适应他们的新容貌，比如一个新鼻子、整容后的嘴唇等。

莫尔茨观察后发现："这些现象和许多被观察到的其他常见现象显示，至少需要21天的时间去消除一个头脑里印象，同时去建立一个新的印象。"

3:21健身法的原理也与这一现象有相关性，被设计好的训练模块也需要花约21天的时间去显现效果。根据该方案创始人库萨·岗瓦德纳的发现，身体在经过一个为期21天的阶段后，会很好地适应这种训练，同时产生内在的激活去重复这个过程。

2 为什么只需3分钟

其实,答案就存在于运动的自然规律中。3:21健身法是建立在下面这个原理上的:高强度短时间的训练会比传统的单一低强度训练,比如健步走、慢跑等,对身体有不同且在大多数情况下更强烈的影响。

3 为什么是高强度的

这个答案也存在于3:21健身法的设计原理中。运动方案的每一个模块都要求将身体发挥到自己最大能力的80%。这就可确保达到预期的效果,比如对能量的消耗、心率加快、肌肉刺激等。

4 人人都可以做吗

并不是所有人都可以做。尽管3:21健身法的每个模块都很容易做,但是确实需要具有一定程度的健身能力的人才可以参与。因为一些运动是需要步骤的,每个步骤都伴随辛苦的努力付出,所以如果你完全是一个初级训练者,可能会造成对自己的一些损伤。

5 什么时候能看见效果

在开始训练的第一周,你将会感到精力充沛和更加健康。然而,要获得3:21健身法的真正效果,你不得不至少花21天的时间坚持运动。联系前文,就会更容易理解持续21天时间的原理和为什么你的身体需要花这么长的时间才能看到确切的训练效果。

6个锻炼动作

这一节会详细介绍6个锻炼动作的每个细节,指导如何用正确的方式去运动,以获得最佳的运动效果。

1 空拳练习

这个特别的动作是3:21健身法中上半身体能训练的第一个锻炼动作。

让我们开始训练吧。首先要更多地理解这个动作,它的好处及正确的练习方法。

关于空拳练习

空拳练习通常被认为是最古老、最有效和最多功能的运动练习之一,能够帮助运动者全面提高体能。

按其定义，空拳练习是一种格斗技术，就是拳击者或格斗者在一个环形区域内迅速移动，并做冲拳动作，就好像与一个隐形对手在格斗。正如这个名字所暗示的，空拳练习就是让运动者与影子对打。它能够提高运动者的格斗技术和强健他们的肌肉力量。

这个运动之所以被叫做空拳练习，是因为在拳击里，拳手经常假装在墙面前或者镜子面前与自己的影子打拳击。

空拳练习与3:21健身法

空拳练习是3:21健身法中上半身体能模块最有影响和最重要的锻炼之一。首先，空拳练习完全不需要任何的设备和设施。其次，它可以提高运动者的反应能力和运动速度，因为它涉及对假想对手的快速应答。再次，它能够提高运动者的注意力和专注度，从而提高训练时的总量。事实上，空拳练习对于提高运动者的整体力量、耐力、运动速度和体力都是十分有好处的。

空拳练习的另一个关键性好处就是它不会让运动者透支，并且把运动者的肌肉活动带入一个系统的运动节奏之中，这将有助于运动者更好地去执行3:21健身法的其他部分。

作为一种训练方式，空拳练习还包含以下几个重要的好处：

✓ 为下一步的运动提供肌肉、关节、韧带的热身活动。

✓ 提高运动者的步伐移动能力。

✓ 促进和提高肌肉及关节的协调能力。

✓ 提高运动者的可视化技能。

✓ 提高心脏功能和条件反射水平。

怎么去做空拳练习
——3个关键点

空拳练习的训练方式有很多种，在这一节里，提供空拳练习的3个关键点，以便你在训练中使用。

1 空拳练习的步伐移动

在空拳练习中，你首先要做的不是随意地出拳击打，而是集中精力在步伐移动上。你所需要做的是向前移动，向后移动，身体转移、跳跃和扭摆。这将有助于提高你身体移动的灵敏性和协调性。

2 空拳练习的轴心/T框架

空拳练习的关键是稳定轴心/T框架。你必须专注地保持你的肩膀在膝关节正上方，当你出拳时，用正确的方式做扭转。

3 空拳练习的速度

这种特殊的训练方法加快运动者的运动速度和缩短反应时间。在确保出拳技术正确的情况下，运动者要在有限的、设定的时间里尽可能多地出拳。当有两个或者更多人一起做这个练习时，可以获得更好的训练效果，因为它增加了竞技水平，从而提高运动表现。

译者注：做空拳练习时，可以先采取前后半步的站立姿势，原地做冲拳动作，当熟悉之后再加入前后左右移动步伐。另外，做出拳动作时，可以先采取缓慢动作，逐渐增加出拳的速度，但每一次尽量做到击打最远距离。

动作熟练后，注意双手出拳和两脚跳动的频度需要达到一定的水平，才可以让此动作起到热身的效果。心率（脉率）至少应该达到（170–年龄）。例如，你40岁，运动中心率（脉率）应该达到约130次/分，不要过高或过低。自我测试方法：30秒空拳运动后即刻数6秒脉率，应达到13次。

2 俯卧撑

俯卧撑在传统观念中被认为是最有效和最方便的运动形式之一。这种典型的抗自身体重的锻炼能够带来预期的效果，所有水平的运动者都能做俯卧撑，无论是业余的还是专业的。在我们继续学习各种形式俯卧撑的正确技术动作之前，首先让我们更多地了解这种锻炼动作及其与3:21健身法的紧密关系。

> **俯卧撑成为一种重要的训练方式，是因为它是一种抗阻运动，是一种力量训练方式。**

关于俯卧撑

作为上半身体能训练方案的一部分，俯卧撑几乎用到了肩膀和脚趾之间的每一块肌肉。它是一种抗阻运动，是一种力量训练方式。它能够同时训练到身体大部分的肌肉群和关节，因此可以带来一系列的好处。

在下面的章节中，将会列举作为3:21健身法之一的俯卧撑训练的一些重要益处。

俯卧撑与3∶21健身法——益处

俯卧撑非常简单，它构成了3∶21健身法完美的一部分。俯卧撑与3∶21健身法的关联点就是花最少的时间去练习，会获得非常明显的效果。

下面我们列举与3∶21健身法中关于俯卧撑的一些最重要的好处。

√ 整体力量训练
俯卧撑被认为是进行身体力量训练最有效的锻炼方式。这个动作可以练到上半身所有的肌肉，增强前臂、胸、肩膀的力量。

√ 增强核心力量
3∶21健身法中这种特别的锻炼可以通过增强腹部和背部的稳定性来锻炼核心力量。在撑起时所施加的力，对这些肌肉有相当大的刺激锻炼作用。

√ 提高代谢率
俯卧撑同时用到了很多的肌肉群，包括腿部肌肉群。这就相应地要求心脏更加努力地工作将血液输送给肌肉，同时也增加了呼吸频率。你的代谢率就会受到影响，因为你的身体需要继续工作让其恢复，甚至是在运动结束后，这就意味着需要消耗更多的能量。

√ 简便和可行性
俯卧撑并不需要任何设备，只要很小的空间和花很少的时间。在3∶21健身法中，这些因素都是每个锻炼动作的最重要和最关键的因素。

6个锻炼动作

俯卧撑——正确的方法

俯卧撑可以有非常多的变化，可以用许多不同的方式进行。在这一节里，将展示正确的方式去有系统、有步骤地进行俯卧撑练习。

步骤

1 俯卧，双手略微宽于肩膀。

2 稳固核心，将肚脐向上拉向脊柱，收紧腹部。

3 撑起身体，用手掌和脚趾保持平衡。

4 保持身体平直，不要塌腰。

5 缓慢吸气，伸直双肘，抬起身体直至肘关节伸直。

6 缓慢呼气，降低身体，回到开始姿势。

7 保持肘关节略微屈曲，不要完全伸直肘关节。

俯卧撑与3:21健身法的关联点就是花最少的时间去练习且获得非常明显的效果。

译者注：俯卧撑是比较难的锻炼动作，如果力量不够，可以采取膝关节着地的方式进行俯卧撑练习，或者将双手放在30~40cm的台阶上进行练习。无论采取哪种方式，保持躯干的平直稳定是最基本的要求。开始练习时，不要因一味追求动作个数而导致动作不标准，一定要在保证动作质量的情况下，先缓慢进行练习，再逐渐增加动作速度。

如果你1分钟最快能做40个俯卧撑，30秒做20~25个已是最大水平的90%以上；如果你1分钟最快能做60~80个俯卧撑，30秒做30~35个已是最大水平的90%以上。

比较准确的强度参考仍然是个人心率（脉率），俯卧撑运动中个人脉率可以达到（220—年龄）×0.85的水平，便是达到了本动作训练的目标。例如你40岁，运动中脉率是（220—40）×0.85=153次/分，运动后即刻数6秒脉搏如约15次则已达标。30岁者运动后即刻数6秒脉搏如约16次则已达标。

6个锻炼动作

3 深蹲跳

深蹲跳是一个组合训练动作，即将深蹲姿势和跳跃动作结合在一起。虽然深蹲跳最初被认为是一种腿部的锻炼，但最新的研究表明，深蹲跳对于全身的肌肉训练和减脂也同样有显著的效果。在我们继续了解这个动作与3:21健身法的关系之前，让我们多学习一些关于深蹲跳的知识。

关于深蹲跳

深蹲跳是一个针对腿部和核心肌群的全身锻炼动作。通过从深蹲位用力跳起的动作，来提高运动员的爆发力。深蹲跳广泛的作用在腿部和躯干中部，包括臀大肌、腘绳肌、腹肌、小腿肌群和股四头肌。

3:21健身法及好处

深蹲跳作为3:21健身法中下半身体能训练和协调训练的一部分，能够给运动者带来一系列好处。以下是一些重要的好处：

✓ 深蹲跳基本上是一种功能性训练，这就意味着它能够帮助你提高日常活动能力，也很容易起到一些其他仅限于在健身房运动才能达到的效果。能够轻松蹲下，并且轻松跳起来，这可帮助你轻松地应对很多日常活动。

✓ 深蹲跳的最重要好处在于它能够锻炼腿部肌肉，并建立促进合成代谢的内环境，这样就能够集中增强全身的肌肉力量。

- ✓ 这个锻炼动作不需要任何设备，只要很小的空间和花很少的时间。

- ✓ 深蹲跳被认为能够非常有效地协同锻炼臀部和腿部肌群。

- ✓ 有助于帮助各个年龄段的运动者保持身体的灵活性。

- ✓ 通过蹲起练习可以刺激大量生长激素和睾酮激素的释放，从而增加上半身的力量。

- ✓ 能够提高篮球运动中的垂直弹跳能力，也有助于提高如足球等运动中的爆发力。

- ✓ 一个不常为人所知的益处是，深蹲跳非常有助于机体的代谢废物排除过程，因为它能够提高机体的泵血功能，促进代谢废物尽快排出。

- ✓ 深蹲跳能够帮助强健肌肉群，从而可以有效地降低肌肉损伤的概率。肌肉柔韧性的增加也可以有效地降低损伤的概率。

步骤

1 自然直立,双脚与肩同宽。

2 脚趾指向外侧。

3 如果你是一个初学者,保持手臂与躯干平行。如果你可以保持平衡,将双手置于脑后。

4 屈膝,向后坐,像你正坐在长凳或者椅子上。

5 屈膝之前先屈髋。

6 保持背部挺直,降低身体直至大腿与地面平行。

7 蹲到你能达到的最低点。

8 一旦到达触发点,尽全力跳到最高。

9 当跳起时,保持膝关节屈曲。

应该记住的要点

当做深蹲跳动作时,脑海中一定要记住这些关键点。

✓ 通过你的足跟将身体沉下去。

✓ 双脚始终与肩同宽。

✓ 脊柱始终处于中立位。

✓ 确保膝关节不要超过脚尖。

✓ 当你跳起时,目标是高度,目的是"长高"。

✓ 如果每一跳之间都有停顿,会减少弹性势能的储存作用,增加训练的难度。

译者注:深蹲跳对心肺刺激比较大,能够很快加快心率。初次做此项运动前建议先按照深蹲跳的要求做原地蹲起动作,重复10次左右,让身体的关节进行动作预热。下蹲到最低点时,保持腹肌收缩,尾骨向内移动;同时注意膝关节不要超过脚尖,以免对膝关节造成伤害。

你知道吗?

深蹲跳的每项研究都取得十分惊人的结果,其中之一就是如果深蹲跳做得正确,能够激发人体释放生长激素。这样的调节,对于肌肉的生长有十分重要的作用。

一个不常为人所知的益处是,深蹲跳非常有助于机体的代谢废物排除过程,因为它能够提高机体的泵血功能,促进代谢废物尽快排出。

4 原地高抬腿跑

高抬腿跑是众多的跑步训练形式之一，能够帮助专业运动员和健身者增强力量、提高速度。它是3:21健身法中下半身体能训练部分的第二个模块。

你可以在日常锻炼中加入各种形式的跑步训练。3:21健身法选择原地高抬腿跑作为锻炼动作是有一系列原因的。

在我们学习它的益处及其与3:21健身法的紧密联系前，让我们先更多地了解这个训练动作。

关于高抬腿跑

与原地跑训练一样，高抬腿跑普遍被认为是一种非常完美的热身动作，也同样是重要的力量训练方式。作为3:21健身法中下半身体能训练的第二个模块，原地高抬腿跑可以增强你的耐力、体力及速度。

益处

专家指出，高抬腿跑有一系列的益处。这也与3:21健身法的基本原理有着十分紧密的关联。

关键的益处如下：

✓ 这个锻炼动作对多种身体功能都有广泛的影响。它能够增强肺功能，并提高循环和呼吸系统功能。

- ✓ 与3:21健身法中所有其他模块一样，原地高抬腿跑训练是十分方便和经济的。它不需要任何的设备和太大的空间。

- ✓ 它能够在稳定的节奏中提高心率和燃烧能量。

- ✓ 它对大腿、髋关节、小腿和臀部肌群有非常好的锻炼作用。

- ✓ 它也同样能锻炼和增强股四头肌、腘绳肌和小腿肌群。

- ✓ 它能够通过增强摄氧能力，促进细胞健康。

- ✓ 它以高效的方式增强你的肌肉群。

- ✓ 它能加快心率，帮忙降低骨质疏松、糖尿病、高血脂，甚至一些癌症的患病风险。

- ✓ 由于高利用率的能量燃烧，原地高抬腿跑能够有效地促进减肥。

步骤

作为3:21健身法的一个组成部分，高抬腿跑有多种不同的训练方式。在这一节里，我们将列举出其训练的基本步骤：

1 在一个宽敞的地方，原地直立，深呼吸。

2 先做原地慢跑，保持肩关节放松，双臂位于体侧，屈肘。

3 缓慢地增加动作的速度。

4 一旦你的速度足够快，开始将膝关节提高到与腰齐平的位置。

5 一定要保持肩关节后缩，下沉。

6 保持每一次提膝上升去拍打双手。

应该记住的要点

对运动者来说，尽管高抬腿跑是一种非常有效的训练，也能够为运动者带来惊喜，但是在进行练习时，还是要注意一些要点。当按照3:21健身法要求去做这种锻炼时，下面一些重要的注意事项和要点应该被时刻牢记。

- ✓ 尽管它和所有其他锻炼方式一样都是有益处的，但是为了避免膝关节或者双脚的运动损伤，你一定要穿一双合适的运动鞋。

- ✓ 刚刚开始进行这个锻炼时，你应该保持做原地高抬腿跳，而不是向前高抬腿跑。

- ✓ 记住每次只抬起一个膝关节，并且要尽可能地抬高。

- ✓ 确保你在锻炼时呼吸正确。

- ✓ 逐步尝试提高你膝关节的高度，拉向胸部方向。

- ✓ 不要在混凝土和坚硬的地面上进行练习。

- ✓ 记住锻炼前要进行拉伸和热身运动，锻炼后要进行正确的整理运动。

它能加快心率，帮忙降低骨质疏松、糖尿病、高血脂甚至一些癌症的患病风险。

译者注：原地高抬腿跑是一个对身体综合素质要求很高的锻炼动作，做这个动作之前建议先进行腿部肌群的热身练习。弓步压腿：向前大弓步，双手压在前腿膝关节上，上身挺直，降低重心，缓慢震动下压10次。左右侧交替进行。可以先试行高抬腿原地走，动作熟练后改为原地跑。这个动作强度很容易达到脉率为（220– 年龄）×0.85水平。

5 星状跳

作为核心控制力训练的重要组成部分，星状跳是3:21健身法中的一个必要的训练方式。像世界上其他一些地方的开合跳练习一样，这个练习需要克服身体及四肢的重量进行快速的高强度跳跃。因为锻炼的高强度，所以它与3:21健身法有着十分紧密的关系。

让我们多学习一些关于星状跳的益处及它为何能成为3:21健身法中的一个重要组成部分。

如果做得正确，星状跳在减脂、减重方面的效果是十分明显的。

关于星跳跃

运动者可以从下面两种星状跳方式中选择一种。

- ✓ 星爆式——跳跃的步伐要很快速地移动。

- ✓ 两步星爆式——运动者在回到站立姿势之前，需要保持双脚打开落地。

3:21健身法与星状跳

星状跳作为一种训练方式有十分明显的益处,同时也是3:21健身法的重要组成部分。星状跳的一些关键的好处及其与3:21健身法的密切关系包含在以下几个方面:

✓ 最重要的是星状跳对于强健四肢肌肉是一种非常好的锻炼方式。

✓ 能全面提升心血管功能。

✓ 能锻炼更加广泛的肌肉群,如腘绳肌、三角肌和臀肌等。

✓ 可以加快心率,消耗大量的能量。

✓ 如果做得正确,星状跳在减脂、减重方面的效果是十分明显的。

✓ 由于在心率方面的影响,星状跳也可以改善个体的呼吸方式。

步骤

在这一节里,介绍星状跳训练动作中多种星爆形式的正确步骤。学习一下这些步骤的具体细节。

1 直立,保证周围有足够的运动空间。

2 屈膝下蹲,不要蹲得太低。

3 轻微地突然用力,向上、向外跳。

4 当你做上面的动作时,张开双臂和双腿。

5 做得正确与否,就是检查自己是否在空中做了一个星星的形状。

6 下一步就是落地。

7 屈膝向下直到双手可以从体侧触碰到地面。

8 一定要保持背部挺直。

9 再次跳起形成星星形状。

10 连续10次后暂停一下,再重复。

译者注：星状跳与深蹲跳相似，都是跳跃动作，但深蹲跳更多要求向上的高度，对力量的要求也更高；星状跳需将身体向体侧延展，更多的要求是身体的控制能力。所以做此动作时，要集中体会身体在空中展开的动作，并做到迅速回收。开始练习时，会因为心里害怕导致展开不够，也可能会因为跳跃高度不够，使身体不能及时回到初始姿势就落地。所以做动作前最好原地进行伸展动作，将四肢向外伸展到最大范围，进行身体动作适应，有利于做完整动作时保证动作质量。该动作很容易达到目标强度，尤其是与深蹲跳间隔数秒后连续进行。如果有明显不适，可以减慢速度，加长间隔时间，但是要保证动作不变形。

6 仰卧起坐

仰卧起坐被广泛地认为是腹部锻炼动作,如果做的动作到位,各种体能水平的人都可以做。在这一节里,将向你详细介绍这个非常完美的训练动作,包括它与3:21健身法的紧密联系,以及正确训练的步骤和需要记住的训练要点。让我们学习更多关于仰卧起坐的知识。

仰卧起坐是腹部肌肉力量增强训练方式,因为它主要的锻炼目标就是强健腹部肌群。

关于仰卧起坐

仰卧起坐是腹部肌肉力量增强训练方式,因为它主要的锻炼目标就是强健腹部肌群。与卷腹锻炼相比,仰卧起坐有更大的运动范围,需要更多的肌肉群参与。在外行人眼里,仰卧起坐是练习者从仰卧位用腹部肌肉力量将上半身抬起到坐姿的过程。

仰卧起坐是3:21健身法中核心控制力量锻炼的第二个模块动作。仰卧起坐通过增强肌肉力量来强健身体,特别是在3:21运动原理的背景下,它的好处是显而易见的。

下面,列举作为3:21健身法最后一个锻炼动作的重要益处。

益处

作为一种训练动作，仰卧起坐能给锻炼者带来很多益处，这些锻炼者包括专业运动员、运动爱好者，甚至普通人。在这一节里，列举这种训练动作的突出益处。

- ✓ 有助于增强肌肉力量。

- ✓ 仰卧起坐与其他训练相比，能在更少的时间内强健身体。

- ✓ 可以增强你的"外部"核心肌肉——较大的腹外斜肌。

- ✓ 有助于提高体力和耐力水平。

- ✓ 仰卧起坐可以大面积锻炼腹部肌群。

- ✓ 增强肌肉力量和柔韧性，有助于锻炼者更好地完成日常活动。

- ✓ 有助于全面发展身体的稳定性和平衡性，因为它能够同时调动后背、肩膀、腹部、双臂和髋部同时参与练习。

- ✓ 因为能够很好地强健腹部肌肉，所以也能很好地提高消化系统功能和身体姿态。同时，也能很好地提高全身输送氧气的能力。

- ✓ 最重要的益处是，定期进行仰卧起坐练习可以获得强健的体格和完美的体型。

- ✓ 与3:21健身法中的其他锻炼动作一样，仰卧起坐不需要任何的设备，只需要很小的空间。

仰卧起坐可以增强你的"外部"核心肌肉——较大的腹外斜肌。

6个锻炼动作

步骤

和很多其他的训练一样，仰卧起坐有许多不同的变化，能够用不同方法去做。在这一节里，列出标准的仰卧起坐步骤。如果需要，你可以改变强度水平和持续时间。

下面是仰卧起坐的正确步骤。

1 平躺，双脚平放在地面上。也可以找一个同伴按住你的双脚。

2 屈髋屈膝。

3 进入开始姿势，双手交叉放于脑后或者双臂交叉放于胸前*。

4 向前看，保持下巴与胸部之间有空隙。确保颈部放松。

5 缓慢吸气。

6 缓慢抬起肩关节、头部和颈部。

7 始终保持下背部在地面上。

8 抬起你的肩膀直到肩胛骨离开地面。

9 吐气，缓慢回到开始姿势。

最重要的益处是，定期进行仰卧起坐练习可以获得强健的体格和完美的体型。

―――――――
* 译者建议采用双臂胸前交叉式。

应该记住的要点

仰卧起坐是3:21健身法中最有效的锻炼动作之一。运动者需要时刻记住一些要点，否则可能会产生一些运动损伤。下面，列举一些最重要的应该记在脑子里的要点。

✓ 永远不要用你的手作为杠杆辅助发力，如果你做了，可能会导致背部和颈部问题。

✓ 用你的双手来保持头部的稳定。

✓ 保持膝关节屈曲。如果你一直保持双腿伸直，将会给脊柱增加额外的压力。

✓ 除了腹部肌肉，如果你感到任何肌肉或者脊柱不适，应该立即停止这个锻炼。

✓ 当你起身时，一定要吸气；当你躺下时，一定要呼气。

✓ 确保在做这个训练时不要突然用力。训练的关键是保持动作的平稳进行。

译者注：仰卧起坐是比较普通的练习，按以上的动作要点去做，会有很强烈的腹部感觉，能够很好地锻炼腹部肌肉。不要用手在头颈部位帮忙，腰骶部始终紧贴地面不要离开，否则会伤及腰椎。这里提醒大家，可以在练习结束之后，进行腹肌伸展，促进身体恢复。方法是：俯卧，背部放松，用双臂将上半身撑起，直至髋部将要离开地面，保持30秒，缓慢回到俯卧位即可。

运动原理

3∶21健身法是从实际操作出发，非常系统且有组织的训练方法。正如之前介绍的，它由6个模块组成，每个模块进行30秒。完成整个训练只需180秒（3分钟）。

右面的表格是3∶21健身法的运动原理表。当然，你也可以对训练动作的结构和次序进行相关的和必要的调整。

每个模块都需要持续30秒，做的时候最好按照相同的顺序进行，如果不行，至少保证开始的时候是一样。尽管所有的训练动作都需要动员全身的肌肉，但是在练习的时候也可以集中在身体的某个部位。一旦你觉得比较舒服，可以尝试去做一些小的调整以满足训练的需求。

3∶21—运动原理

目标区域

上半身体能
　空拳练习
　俯卧撑
　星状跳
　仰卧起坐
　深蹲跳
　原地高抬腿跑

目标区域

下半身体能
　深蹲跳
　原地高抬腿跑
　星状跳
　空拳练习
　俯卧撑
　仰卧起坐

你必须知道的事情

3:21健身法是当下功能最强大、最简洁和以目标为导向的健身方案。它具有高度的系统性和科学性，遵循健身、肌肉训练和其他相关目标训练的原理。

但是，这样一种动作组合方案也有其自身的规则、训练指南和注意事项。在这一节里，列举一些最重要的锻炼指南，来确保你在实施这个出色的健身方案时，获得最大的效果。

同时，我们也列举一些你必须遵守的注意事项，以保证达到预期的效果。继续深入学习这些技巧、训练指南、规则和注意事项的细节。

从3:21健身法中获得最大益处

人们总是希望达到最好效果，却不用承担任何风险。另外，需要发挥自己全部的潜能达到目标也是十分重要的。当然，健身也不例外。为了达到3:21健身法最好的效果，我们需要牢记下面一些十分重要的因素和训练指南。

自我激励。没有任何一个健身计划会起效，除非你自己认识到它的意义。

如果你想要获得3:21健身法的最佳效果，你一定要记住下面这些"黄金原则"。

1 投入足够多的时间去理解每个锻炼动作的细节。正如你看到的，3:21健身法包含6个不同的锻炼动作。每个动作都需遵循不同的指南和规则。这是因为，每个锻炼动作动员的目标肌群不同。此外，每个锻炼动作都有不同的健身目标，比如核心稳定、提升下半身体能等。要花一些时间去弄清楚每个锻炼动作的意义、为什么要去做，以及如何用正确的方法去做。遵循训练指南去执行，当非常习惯这个训练模式后，你可以根据自己的需求做一些小的调整。

2 自我激励。没有任何一个健身计划会起效，除非你自己认识到它的意义。不要依赖其他人的鼓励和坚持。这些道理同样适用于3:21健身法，因为每个模块的训练都需要发挥你最大的潜能。为了让这个运动方案达到最好的效果，你必须带着全部的激情和奉献精神心甘情愿地去做。花一些时间去做决定。一旦你加入进来，一定要不断自我激励，这样才能完美地完成运动计划。

3 运动的同时，还要注意你其他生活方式的配合。因为如果没有其他生活方式的改变与配合，即使像3:21健身法这样功能强大的运动计划，也不能保证达到预期的效果。一定要遵循下面的原则：健康饮食、规律运动、良好睡眠和其他一些良好的生活方式。

4 为了达到最佳效果，尽量在每天的同一时间段进行这个训练，至少坚持21天。这样能够帮助身体尽快适应训练，并建立起日常运动的模式。

应该记住的要点——注意事项

上面一节介绍了一些重要的运动原则,来帮助你获得3:21健身法的最佳效果。这一节,将讨论一些重要的注意事项,来确保我们能够达到预定的目标。耐心深入地学习一下这些细节要点。

1 不要懈怠。3:21健身法的基本运动原理就是在训练时至少要发挥你能力的85%。一定要达到自己最大能力的85%。

2 当你发挥到这个水平时,如果身体出现任何疼痛或者过劳,都应该停止训练。在任何情况下,都不要让身体忍受疼痛训练。如果在任何一个点上感到剧烈疼痛,马上停下来;有必要的话,应该去咨询健康专业人士。

3 不要中途停止训练。有关调查发现,能够连续21天坚持锻炼的人会比断续进行锻炼的人会获得更好运动效果。如果有任何间断的行为,都不会获得最佳效果。

4 不要在鞋子和选择运动的地面上进行试验。运动者经常会犯错误,他们有时会选择错误的鞋子;在混凝土或者其他坚硬的地面上进行训练。3:21健身法中所有模块的训练动作都是高强度的,对膝关节和腿部冲击很大。穿错误的鞋子,很可能会导致膝关节损伤或者肌群损伤。

5 如果你有任何严重的疾病,都不要进行这个训练。因为与传统的运动相比,3:21健身法中的各个锻炼动作都会更快地加快心率,燃烧更多能量。在这种情况下,过量运动可以导致一些人的健康问题。

未来前景

当走在健身的路上时,你很可能会发现一个全新的自己。训练模块中的动作,如深蹲跳、俯卧撑、仰卧起坐和空拳练习等,都有可能打造一个最好的你。然而,这仍然需要你不断地突破自己的体能条件限制。如果你以前没有进行过规律的训练,那么3:21运动方案将是一个新的尝试。由于肌肉被太长时间"闲置",所以你的肌肉群反应会比较迟缓。你要确保采用正确的方式去开始实施3:21健身法,并且要一直保持足够的动力。

你还需要记住改变生活方式的重要性。没有任何一种运动可以帮助你建立良好的生活方式,除非你通过自己的努力去改变。你要确保自己吃得很健康,并能够控制好自己的体型。你同样也需要知道,身体是需要充足休息的。在一些情况下,人们也需要心理健康服务来释放一些焦虑情绪和心理压力,去适应当下竞争激烈的世界。一定要确保能够很好地顾及生活中的这些方面。

只有一种情况能够使你达到想要的健康水平,那就是生理和心理都健康。

结束语

时代已经变了,我们也是。尽管人的身体依然保留着原始的结构形态,但是它正在逐渐进化。我们的生物系统正在用不同的方式去适应周边的环境,这种现象从几十年前就已经发生。毕竟,没有谁能解释我们社会最突出的变革究竟在哪里。

√ 生育年龄正在缓慢且稳定地增长,这就使很多女性获得了足够的空间和时间去发展她们的专业兴趣。

√ 大量医疗设施的发展和完善,让健康成人的平均寿命在一天天延长。

√ 具有讽刺意义的是,心搏骤停发生的年龄从原来的60岁以后已经迅速年轻化到40岁以后……

上面给出的一些实例就是在尝试展示当今时代的变化。同样的，我们的身体需求也在发生改变。在早期，每天在附近的公园进行健步走或者慢跑活动就能够满足健康需求，但是现在对于运动训练强度的需求已经超过了我们的想象，至少在健康的中年人中是这样的。

另外，现代的竞技体育运动也在经历着巨大的变化。随着提高成绩的压力和实现更高职业目标，运动员们渴望得到更加专业的指导，能够帮助他们快速消除疼痛和不适。

最少的时间投入，最大的效益获得。这就是这个时代的宣言。

3:21健身法就是通往这个目标的一个方法。现在给你这个具有现代健康意识的、正确的、充满能量的健身方案，就是帮你解决目前所处的困境，带领你塑造一个全新的自己。

为了健康，为了完美的体型，为了前方充满活力的人生……

3:21健身法的案例

Jessica，24岁，女性，无挡板篮球运动员

Jessica想获得一个方案能够让自己在训练中一直获益。她打无挡板篮球，想有一个方案能够帮助她提高身体体能和核心控制力。她把3:21健身法作为她季前训练的一部分。6周的季前训练，她提高了自己的垂直弹跳、变相速度和敏捷性。

她打无挡板篮球，想有一个方案能够帮助她提高身体体能和核心控制力。

Christina，48岁，女性，办公室文员

Christina拥有20年的办公室工作经历，并且是一个单亲妈妈，这就决定了她没有时间很好地照顾自己的身体。她超重20千克，想要通过运动训练重新回到健康水平。她有些自卑，因为害羞，自己不愿意去健身房进行锻炼。她在家里开始进行3:21健身法。她一直坚持了42天。每天进行这样的高强度训练，很好地调节了她的身体和情绪。她逐渐建立起了信心，开始每天在健身房进行1堂课的练习。6周以后，她每天在健身房进行3堂课的练习。16周以后，她成功达到自己的减重目标，自我感觉很好，看上去也很好。她感到非常满意。

Nikki，14岁

Nikki正处于长身体的年龄，因为比班里的大部分同学都要高，所以她有些自卑。她有膝关节疼痛、肩膀疼痛和头痛。这主要是由于与姿势相关的生物力学问题导致的。在接受完有关生物力学功能障碍的运动物理治疗以后（大约持续了4周），她开始进行3:21健身法来保持健康。主要目的是为了优化她的姿态和强壮身体。执行3:21健身法的同时，她每周六进行游泳锻炼。她还喜欢打曲棍球，这能保证她的心血管系统得到锻炼。她做了改进的俯卧撑（膝关节支撑），也喜欢空拳练习，尤其喜欢深蹲跳练习。3个月后，我们见面时，发现她有很好的身体姿态，没有肩关节疼痛，只有微弱的膝关节不适，并且只在繁忙的考试周里有头痛。她会继续保持这些物理治疗带来的好处，并且继续进阶练习。

Jeff，67岁，社会体育运动员

刚刚退休的Jeff喜欢运动，每周末都要去打网球和游泳。他的妻子经常抱怨说，当他们下午散步时，Jeff走路的速度对她来说太快了。她感觉Jeff"1小时能够走100英里"。Jeff想继续保持他的力量和在网球运动中的灵敏性。他开始进行3:21健身锻炼。14天以后，当打网球时，他体会到了这个训练带来的好处。他的体能水平提高了，更容易地赢了很多网球比赛，也能游泳游得更快更远了。他特别高兴，向他的妻子展示了他所做的3:21健身法，并带领他的妻子也进行3:21健身法的锻炼。现在尽管他们夫妻一起进行3:21健身法的锻炼，但是他的妻子还是会抱怨他走得太快了。

他开始进行3:21健身锻炼。14天以后，当打网球时，他体会到了这个训练带来的好处。

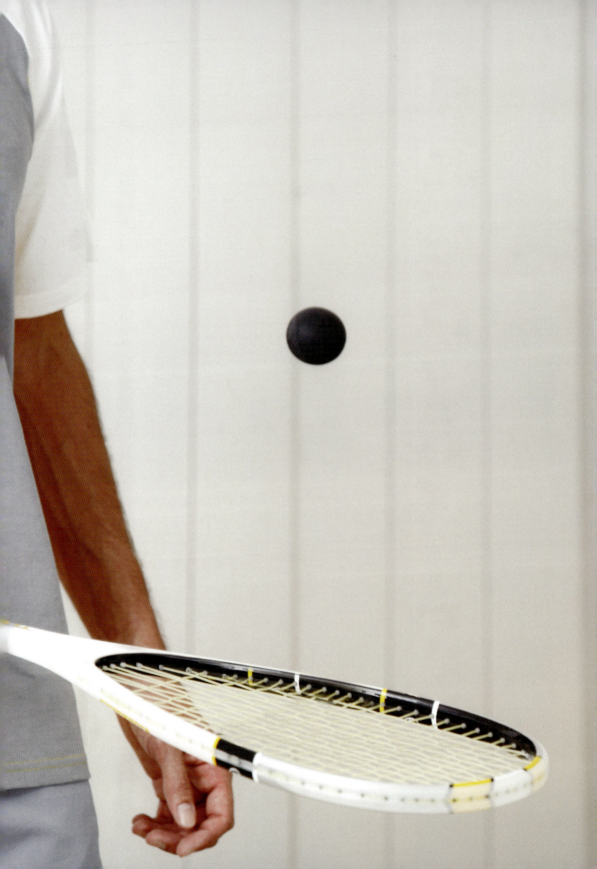

Henry，44岁，总经理

Henry每周有5天都在出差。他的短途飞机旅行从1小时至4小时都有。当他在家时，他是一个相当活跃的人。当然他还是会错过他在健身房的训练课程，也同样错失与朋友们的一些壁球比赛。当他在外出差时，他开始进行3:21健身法的锻炼，以此来保持自己的活动能力。这很容易在酒店的房间里进行。他大约用了14天的时间开始感觉有一些好处。以前他在第一场壁球比赛后会感到困乏和疲劳，现在他能够一开始就保持最好的状态，并持续很长时间，从而赢得更多的比赛。当他继续在外出差时坚持进行3:21健身法锻炼，一些日常的烦恼，如膝关节疼痛不适等都降到了可控范围内。

当他继续在外出差时坚持进行3:21健身法锻炼，一些日常的烦恼，如膝关节疼痛不适等都降到了可控范围内。

Jenna，26岁的年轻妈妈

Jenna的孩子已经6个月大了，她很想参加运动训练。Jenna想要找回她的体型，但是有一个难题就是因为剖宫产，她在孩子出生后的12周之内是不能进行运动的。带一个睡觉不规律的婴儿和进行运动训练，这对于Jenna来说好像是不可能。Jenna感到沮丧和伤心，她现在需要一个运动计划，既能够让她获得想要的效果，很安全、快速地实施，又不用去健身房，同时还不影响孩子日常生活的安排。Jenna开始在我们运动物理治疗师的指导下，采用65%的强度进行3:21健身法的锻炼。她的信心在逐渐增长，我们继续采用安全的练习标准来提高她的力量和核心控制能力。她以3:21健身法为基础，逐渐进行更多的运动，包括游泳、团体操等。当孩子1岁时，Jenna发现与怀孕时相比，自己感觉好多了，看起来状态也好很多。

Robert，33岁，企业家

Robert是一个有活力的企业家，但是运动锻炼都是被他排在第二位，生意总是排在第一位的。通常支撑一个年轻的家庭意味着周末的足球比赛和健身课程都会被取消。由于缺乏运动，他感到沮丧，并且成为一个脾气暴躁的人。他开始进行3:21健身法的锻炼，21天后他感到身体更轻松了。他感觉到他的动作灵敏，关节、肌肉都能够更加自由活动了。他的注意力提高了，他的妻子说他的脾气也变好了。他可以在办公室、家里和旅行时，进行3:21健身法的锻炼。一个更快乐的Robert，意味着他有更高的工作效率，能够更有效地管理公司。

Ellie，28岁，田径运动员

Ellie因为运动比赛的原因，需要频繁外出，从欧洲到北美。无论什么时候外出，她最终都会回到酒店，但是有些酒店并没有游泳池或者健身房可以让她恢复体能。在没有游泳池和健身房的情况下，3:21健身法能够保证她基本的体能。因为外出太过频繁，她有些天会做两次3:21健身法进行锻炼。

在没有游泳池和健身房的情况下，3:21健身法能够保证她基本的体能。

Craig，16岁，橄榄球运动员

作为一个十分有活力的年轻人，Craig加入了国家橄榄球联赛俱乐部。当来做咨询的时候，他的母亲陪他一起来。他母亲说他很有能量，他不能安静地坐着。他参加球队的训练营，每周训练3次，以提高他在比赛中的水平。他进行了21天的3:21健身法锻炼。在这21天里，他的上半身体能得到了提高，跑步也更加协调、灵巧。42天以后，他的体能水平提升了。他刻苦训练，在垂直弹跳、坐姿体前屈、柔韧性、健康指标和功能性力量方面均达到球队排名最前面的10%行列。根据运动物理治疗师的建议，他在最开始的21天里要被密切地监测，之后是每5天监测1次，使他不能将自己的水平提高到他不能耐受的高度。有时候，年轻的运动员可能自信心爆棚，他们感觉自己可以征服世界。为了使他们获得最好的成绩，有时不得不要压一压他们的急迫心理。

Amy，25岁

Amy正在准备结婚，但是她的医生建议她要减重10千克，否则会有很高的风险患上妊娠糖尿病。带着减重的任务，她需要在健身课程、拳击和普拉提训练之间加上一些能够天天进行的锻炼。她在上健身课之后增加了3:21健身法。常规的训练、控制的饮食和一个结构化的运动方案，使她用12周时间成功减重了10千克。Amy和她的医生都很高兴，因为这样降低了她患妊娠糖尿病的风险。

> 他进行了21天的3:21健身法锻炼。在这21天里，他的上半身体能得到了提高，跑步也更加协调、灵巧。

中文索引

3:21健身法 57-70

心率 25，33

无氧运动 12，30

仰卧起坐 98-102

传统的稳定运动 43

有氧运动 12，29

库萨·岗瓦德纳 51-55

空拳练习 71-75

星状跳 95-96

柔韧性运动 13

俯卧撑 76-80

高抬腿跑 88-92

高强度间歇性训练 21-46

深蹲跳 83-87

图书在版编目(CIP)数据

3 分钟健身:21 天塑造全新的你/[澳]库萨·岗瓦德纳(Kusal Goonewardena)著;
周琴璐,鲁建东译.—上海:复旦大学出版社,2016.8
书名原文: 3 Minute Workouts
ISBN 978-7-309-12442-2

Ⅰ.3… Ⅱ.①库…②周…③鲁… Ⅲ.健身运动-基本知识 Ⅳ.G883

中国版本图书馆 CIP 数据核字(2016)第 164592 号

Copyright© 2015 Kusal Goonewardena

All rights reserved. No part of this publication may be reproduced, stored in a retrieval system or transmitted in any form by any means without the prior permission of the copyright owner. Enquiries should be made to the publisher.

Simplified Chinese Edition© 2016 Fudan University Press Co., Ltd.
上海市版权局著作权合同登记号: 09-2016-029

3 分钟健身:21 天塑造全新的你
[澳]库萨·岗瓦德纳(Kusal Goonewardena) 著
周琴璐 鲁建东 译
责任编辑/肖 芬

复旦大学出版社有限公司出版发行
上海市国权路 579 号 邮编: 200433
网址: fupnet@fudanpress.com http://www.fudanpress.com
门市零售: 86-21-65642857 团体订购: 86-21-65118853
外埠邮购: 86-21-65109143
上海丽佳制版印刷有限公司

开本 787×960 1/16 印张 8.25 字数 108 千
2016 年 8 月第 1 版第 1 次印刷
印数 1—4 100

ISBN 978-7-309-12442-2/G·1617
定价: 49.00 元

如有印装质量问题,请向复旦大学出版社发行部调换。
版权所有 侵权必究